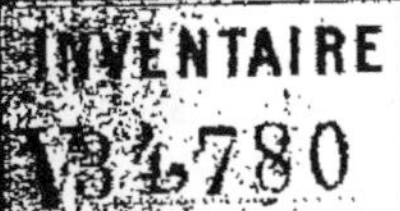

OLATERIE IMPÉRIALE

182, Rue de Rivoli, 182

EN FACE LE PALAIS DES TUILERIES

PARIS

AUX CONSOMMATEURS

DE

CHOCOLAT ET DE THÉ

Histoire de ces deux aliments, leurs propriétés hygiéniques, leur fabrication et leur commerce ; Recettes les meilleures pour les préparer,

PAR

C. CHOQUART

FOURNISSEUR BREVETÉ DE S. M. L'EMPEREUR

Membre du Conseil des Prud'hommes

1868

CHOCOLATERIE IMPÉRIALE

182, Rue de Rivoli, 182

EN FACE LE PALAIS DES TUILERIES

PARIS

AUX CONSOMMATEURS

DE

CHOCOLAT ET DE THÉ

Histoire de ces deux aliments, leurs propriétés hygiéniques, leur fabrication et leur commerce ; Recettes les meilleures pour les préparer,

PAR

C. CHOQUART

FOURNISSEUR BREVETÉ DE S. M. L'EMPEREUR

Membre du Conseil des Prud'hommes

PARIS

TYP. WALDER, RUE BONAPARTE, 44

1867

PRÉFACE

Il est de précepte dans l'art gastronomique que les préparations les plus simples sont souvent les plus difficiles à réussir, celles qui demandent le plus de soin et d'attention.

Cela est vrai, surtout pour les substances délicates dont un rien dénature les suaves aromes. Le thé le plus fin, le chocolat le meilleur, peuvent ne donner qu'une décoction ou un brouet vulgaire et détestable, si une main expérimentée n'a dirigé leur préparation.

On entend parfois des personnes se plaindre que leur chocolat leur offre un déjeuner sans saveur, que leur thé, aujourd'hui délicieusement parfumé, limpide à l'œil et velouté au palais, coule le lendemain louche, amer et sans arome. Elles nous accuseraient volontiers de nous jouer de leur goût si le thé n'avait été pris au même paquet et le chocolat à la même tablette.

Cet opuscule a été écrit pour apprendre aux consommateurs à se préserver de ces désagréments, qui affecten leur délicatesse et qui peuvent quelquefois faire médire du tact et du goût d'une maîtresse de maison. J'ai dit comment on prend le thé et le chocolat, et donné les recettes qu'une longue pratique m'a fait reconnaître les meilleures pour préparer ces deux aliments: elles sont simples, précises, les plus faciles à suivre.

J'espère par ce moyen être utile, éviter au fabricant les reproches injustes qui parfois lui sont adressés, et surtout rendre plus importante la consommation de deux produits si précieux au point de vue de l'hygiène.

Afin d'intéresser mon lecteur, j'ai résumé tout ce qu'il est curieux de connaître sur le cacao et le thé: leur origine, leurs provenances, les préparations qu'ils subissent, les caractères et les qualités des différentes sortes. Je suis entré dans des détails sur la fabrication du chocolat qui permettront de mieux apprécier la composition de cet aliment et de se rendre compte de toutes les conditions que doit réunir un fabricant pour pouvoir fournir d'une manière constante d'excellents produits. Quelques souvenirs historiques, quelques appréciations physiologiques se mêleront à mon récit et lui donneront un peu de vie : on cause toujours volontiers autour de la tasse de chocolat ou de thé que l'on déguste.

AUX CONSOMMATEURS

DE

CHOCOLAT & DE THÉ

CHAPITRE PREMIER

L'INDUSTRIE CHOCOLATIÈRE EN 1844. — FONDATION ET DÉBUTS DE LA MAISON CHOQUART. — PREMIÈRES RÉCOMPENSES OBTENUES.

En 1844, la fabrication du chocolat était encore très-peu importante en France, mais ce produit s'accordant parfaitement avec nos goûts et nos usages, l'on pouvait déjà prévoir que la consommation était appelée à prendre bientôt un grand développement.

L'industrie chocolatière comprenait alors trois classes de fabricants bien distinctes :

Un petit nombre ne produisaient que des chocolats très-fins, possédant toute la perfection et toute la délicatesse désirables, mais que leur cherté rendait seulement accessibles à une clientèle très-riche. Ces fabricants maintenaient l'honneur du corps et la réputation des chocolats français auprès des gourmets et des connaisseurs ; mais leur production trop restreinte n'eût pu entraîner l'industrie à sa suite.

Après eux, venait la fabrication réellement industrielle et importante ; elle s'appliquait à produire, à l'aide des ressources que la mécanique venait de mettre à sa disposition, des chocolats de bonne qualité à un prix modéré : c'est elle qui fournissait le commerce après avoir fait disparaître le rouleau et le mortier à l'aide desquels l'épicier, le confiseur et même le pharmacien, préparaient autrefois la petite quantité de chocolat qu'ils débitaient.

C'est à cette classe que l'industrie et la consommation du chocolat doivent les développements qu'elles ont pris.

Venait ensuite une foule nombreuse de fabricants vendant des chocolats sans nom et sans marque de fabrique, produits inférieurs composés de cacaos des plus basses sortes et de sucres bruts, souvent sophistiqués par le mélange de fécules altérées, de pulpes d'arachides, de substances les plus disparates, révoltants au palais, mauvais à l'estomac, mais trouvant un débit assuré, grâce à leur prétendu bon marché. Ces fabricants, en offrant ainsi aux consommateurs des produits qui répugnaient à leur goût, nuisaient aux progrès de l'industrie et, pour rendre à cette dernière tout son essor, il était utile de réagir vivement contre cette tendance à la falsification du chocolat.

J'avais étudié depuis longtemps les conditions de l'industrie chocolatière, les détails de la fabrication, ses produits, les éléments qui les composent. Il me sembla que le succès attendait l'industriel qui, sachant profiter loyalement de ses ressources, voudrait arriver à la réputation par l'excellente qualité et le bon marché réel de ses produits.

L'application du diamant noir à la taille du granit avait amené une grande amélioration dans le matériel de fabrication, en permettant de supprimer les broyages entre des surfaces de fer ou de fonte pour employer exclusivement des moulins et des broyeuses de granit.

J'installai, dès le principe, les appareils les plus perfectionnés qui existaient, mais depuis, l'expérience et une étude constante m'ont indiqué de nombreuses améliorations, et j'ai dû modifier ces machines, soit dans leur forme, soit dans leur jeu. Il en a été du reste ainsi de tous les procédés de fabrication, et je ne pourrai entrer, on le comprend, dans la description des perfectionnements et des moyens nouveaux que j'ai découverts.

Une manière de procéder, insignifiante en apparence, ce qu'on appelle le simple tour de main, peut paraître sans valeur, indiqué ou décrit ; mais il fait la fortune du fabricant qui le possède et dont il reste le secret.

Les vins de Champagne de grande marque doivent leur bouquet et leur finesse à des moyens de cet ordre.

Les matières premières ont toujours été le sujet approfondi de mes études et leur choix ma préoccupation constante. Les meilleures sortes de cacao entrent dans mon usine, le caraque surtout. Le chocolat impérial doit en partie sa réputation au soin que je mets à n'y faire entrer que le plus fin et le plus pur ; la vanille du Mexique en quantité discrète et le sucre de *canne* raffiné s'y mêlent seuls.

Le choix du sucre a une importance très-grande : le chimiste peut prétendre que celui de canne et de betterave sont identiques, le dégustateur émérite ne s'y trompe pas lorsqu'on les mêle à certains aromes sur le goût desquels ils réagissent très-vivement.

Le meilleur martinique, raffiné avec le plus grand soin et pulvérisé sous la meule de granit, peut être seul uni au cacao et à la vanille ; en combattant leur amertume, il aide à développer la finesse de leurs aromes.

Une branche importante de l'industrie était fort négligée, celle des bonbons en chocolat ; elle mérite cependant toute la sympathie, car elle procure au goût des sensations exquises et elle rend à la santé d'éminents services en introduisant dans ses friands produits un élément bienfaisant et salutaire. La fabrication des bonbons en chocolat exige les plus grands soins et l'outillage le plus perfectionné ; j'ai pu atteindre cette suprême délicatesse qui a mérité à mes bonbons une place dans tous les desserts des palais impériaux.

En peu d'années, ma maison se plaçait à la tête de son industrie. En 1849, je parus pour la première fois à l'Exposition de l'industrie, et le jury m'accordait une médaille. En 1851, admis à l'Exposition universelle de Londres, mes produits furent reconnus d'une supériorité si marquante que le jury leur décerna la médaille, et crut devoir les signaler à S. M. l'Empereur, alors président de la République, qui m'accorda, comme faveur insigne, le brevet de fournisseur de sa maison.

C'était une haute distinction, j'en sentis profondément toute l'importance, et j'ai su, j'ose le dire, m'en montrer digne. Aujourd'hui encore, je suis le seul fournisseur réel de la Maison Impériale et je regarde ce titre comme m'imposant l'obligation la plus absolue de bien faire.

Depuis cette époque, ma maison s'est tenue en première ligne dans la chocolaterie française et j'ai atteint ce résultat difficile que je m'étais posé à mes débuts : vendre à des prix modérés des chocolats de qualité supérieure. Deux grands concours industriels sont venus le prouver : à l'Exposition universelle de Paris en 1855, j'obtins deux médailles, une pour les chocolats fins, l'autre pour les produits à bon marché; enfin, à Londres, en 1862, mes chocolats obtinrent la plus haute récompense : *The Prize Médal.*

CHAPITRE II

ORIGINE DU CHOCOLAT. — SON INTRODUCTION EN EUROPE. — SON IMPORTANCE DANS L'ALIMENTATION. — LES TITRES DE NOBLESSE DE NOTRE INDUSTRIE.

Le mariage d'Anne d'Autriche, fille de Philippe II, roi d'Espagne, avec Louis XIII (1615) introduisit en France l'usage du chocolat, lequel avait déjà été importé en Espagne lors de la conquête du Mexique (1520).

La jeune Infante, passionnée pour les fleurs et les parfums, n'eût pu se passer d'un aliment aussi délicat, et le goût raffiné des dames de la cour adopta vite le déjeuner de la reine.

Quelques années après, le thé fit son apparition en Europe et, vers la même époque (1669), Soliman-Aga, le premier ambassadeur turc venu en France, fit connaître le café à la cour de Louis XIV. Bientôt, un Sicilien, du nom de Procope, ouvrit à Paris un établissement pour débiter au public cette boisson nouvelle regardée alors comme une curiosité ; ce premier café devint très à la mode ; il fut le rendez-vous de la classe aisée et des jeunes gens de bonne famille. Presque en même temps, le sucre cessa d'être matière d'apothicaire et entra dans la consommation générale.

L'usage de l'eau-de-vie se répandit, et les liqueurs furent inventées pour aider les digestions difficiles de Louis XIV.

Le dix-septième siècle peut donc joindre à tous les titres qui lui ont valu le nom de grand siècle, celui d'avoir introduit dans l'alimentation ces cinq substances : le chocolat, le thé, le café, le sucre et les liqueurs, sources inépuisables de richesses pour le commerce et pour le fisc, et de bien-être pour les populations. Elles forment une classe d'aliments à part, qui agissent à la fois sur l'organisme et sur la pensée, et dont la physiologie a constaté les effets sans avoir pu encore expliquer complétement la puissance.

Les propriétés hygiéniques et bienfaisantes du chocolat ont été souvent décrites par Chaptal, Plane, Liébig, Synclair, Cuvier, Payen et beaucoup d'autres savants. Je trouverais pour les énumérer toutes une très-ample matière, mais la critique pourrait croire intéressés les éloges que je ferais ici des produits de mon industrie ; je me contenterai donc de citer ces quelques lignes du spirituel ouvrage de *la Physiologie du goût*, par Brillat-Savarin :

« Le chocolat, préparé avec soin, est un aliment

« aussi salutaire qu'agréable ; il est nourrissant, de « facile digestion ; il n'a pas, pour la beauté, les in« convénients qu'on reproche au café, dont il est, au « contraire le remède ; il est très-convenable aux per« sonnes qui se livrent à une grande contention d'esprit, « aux travaux de la chaire ou du barreau et surtout « aux voyageurs ; enfin, il convient aux estomacs les « plus faibles ; on en a eu de bons effets dans les ma« ladies chroniques, et il devient la dernière ressource « dans les affections du pylore.

« Ces diverses propriétés, le chocolat les doit à ce « que, n'étant à vrai dire qu'un *eleosaccharum*, il est « peu de substances qui contiennent, à volume égal, « plus de particules alimentaires : ce qui fait qu'il s'a« nimalise presque en entier.

« Quelques personnes se plaignent de ne pouvoir « digérer le chocolat ; d'autres, au contraire, préten« dent qu'il ne les nourrit pas assez et qu'il passe trop « vite.

« Il est très-probable que les premiers ne doivent « s'en prendre qu'à eux-mêmes, et que le chocolat « dont ils usent est de mauvaise qualité ou mal fa« briqué ; car le chocolat bon et bien fait doit passer « dans tout estomac où il reste un peu de pouvoir di« gestif.

« Quant aux autres, le remède est facile ; il faut « qu'ils renforcent leur déjeuner par le petit pâté, la

« côtelette ou le rognon à la brochette; qu'ils versent « sur le tout un bon bowl de sokomusco, et qu'ils re-« mercient Dieu de leur avoir donné un estomac d'une « activité supérieure.

« Ceci me donne occasion de consigner ici une ob-« servation sur l'exactitude de laquelle on peut comp-« ter.

« Quand on a bien et copieusement déjeuné, si on « avale sur le tout une ample tasse de bon chocolat, « on aura parfaitement digéré trois heures après, et « on dînera quand même... Par zèle pour la science et « à force d'éloquence, j'ai fait tenter cette expérience « à bien des dames, qui assuraient qu'elles en mour-« raient ; elles s'en sont toujours trouvées à « merveille, et n'ont pas manqué de glorifier le pro-« fesseur.

« Que tout homme qui aura bu quelques traits de « trop à la coupe de la volupté ; que tout homme qui « aura passé à travailler une portion notable du temps « qu'on doit passer à dormir ; que tout homme d'es-« prit qui se sentira temporairement devenu bête ; que « tout homme qui trouvera l'air humide, le temps long « et l'atmosphère difficile à porter ; que tout homme « qui sera tourmenté d'une idée fixe qui lui ôtera la « liberté de penser : que tous ceux-là, disons-nous, « s'administrent un bon demi-litre de chocolat, et ils « verront merveilles. »

Il n'est pas étonnant qu'avec de telles qualités, le chocolat ait inspiré, aux femmes surtout, un goût si vif. Les créoles en prennent, dit-on, jusque dans les églises, et les dames espagnoles le dégustent avec le même plaisir : les évêques, souvent offensés de cette extrême sensualité, ont tenté, sans succès, d'y mettre un terme ; les églises devenaient désertes, et ils ont dû se résigner à fermer les yeux. Le révérend père Escobar déclara même que le chocolat à l'eau ne rompait pas le jeune, s'appuyant sur cet ancien adage : *Liquidum non frangit jejunium.*

En France, l'usage du chocolat se généralisa bien moins rapidement qu'en Espagne ; il resta longtemps un aliment de luxe réservé aux classes élevées. Sous la Régence, et jusqu'à la Révolution, il était plus en usage que le café, parce qu'alors on le prenait comme un aliment agréable auquel on prêtait des propriétés trop merveilleuses peut-être. Avant 1789, trois cent mille livres de cacao, fournies par nos colonies, suffisaient par an à la consommation générale.

L'édit de 1692 mit le premier impôt sur le thé, le cacao et le café ; le droit d'entrée en France du cacao, exprimé en monnaies et poids de nos jours, fut alors de un franc cinquante centimes le kilogramme.

Sous l'Empire, pendant le blocus continental, on essaya de remplacer le cacao qui n'arrivait plus, par d'autres substances ; l'emploi de l'arachide qui sert encore à falsifier le chocolat date de cette époque. La consommation du chocolat s'arrêta, mais elle se répandit de nouveau sous la Restauration, puis le bon marché, amené par l'application d'appareils mécaniques et de la vapeur à la fabrication, généralisa l'usage de cet aliment.

Le tableau général du commerce de la France, publié par la direction des douanes, indique que la consommation du cacao était, en 1853, de 3,835,000 kil.; en 1863, ce chiffre était de 5,513,000 kil., et aujourd'hui il doit être très-près de 6,000,000 de kilog. On peut donc estimer en ce moment la production annuelle des fabriques françaises à douze millions de kilogrammes de chocolat.

Les chocolats français se sont acquis une réputation universelle, et ils sont aujourd'hui reconnus supérieurs à tous ceux des autres provenances. Cette perfection de la fabrique française date de loin, elle est due au goût raffiné des classes élevées qui furent longtemps seules à consommer ce produit, et surtout à la protection particulière que les souverains voulurent bien accorder à une industrie aussi utile.

Devenue régente, Anne d'Autriche donna en 1690 à Jean Suarez, un de ses serviteurs espagnols, sans doute, le brevet de chocolatier de la reine. Depuis, un chocolatier fit toujours partie de la maison royale.

Antoine Sauvigny, chocolatier du roi, préparait

pour madame de Maintenon ce fameux chocolat qui, selon l'expression de madame de Sévigné, agissait suivant l'intention.

Renaud acquit la faveur du Régent en inventant le chocolat à l'ambre, que Brillat-Savarin nommait le chocolat des affligés ; et la reine Marie-Antoinette, dont le goût exquis amena le chocolat à sa composition la plus simple, fit la fortune d'un pauvre chevalier de Saint-Louis, établi à la Croix-du-Trahoir.

De nos jours, S. M. l'empereur Napoléon III a daigné me nommer *seul fournisseur de sa maison.* Ces marques de protection souveraine accordées depuis l'origine à notre industrie sont pour elle comme des lettres de noblesse ; les hautes faveurs qui distinguèrent ses représentants les plus dignes rejaillissent sur la chocolaterie entière, je suis fier de pouvoir les rappeler dans cette opuscule.

CHAPITRE III

LE CACAOYER. — DESCRIPTION ET CULTURE. — RÉCOLTE DU CACAO. — FERMENTATION, TERRAGE ET SÉCHAGE.

Linné appela le cacao, théobroma (θεος βρωμα), aliment divin; on a cherché une cause à cette dénomination; les uns l'attribuent à ce que ce savant aimait passionnément le chocolat, les autres à ce que la mythologie mexicaine met au rang des dieux Quatzalcault, le jardinier prophète qui, le premier, apprit aux hommes la culture du cacaoyer. Quoi qu'il en soit, de ces deux raisons également plausibles, les savants lui ont conservé ce nom, et les gourmets ont été loin de protester contre l'enthousiasme du grand naturaliste.

Le cacaoyer croît spontanément dans les forêts humides de l'Amérique méridionale et du Mexique, dans les districts de Caracas et de Vénézuéla. On en trouve des forêts entières en Guyane, au Brésil, dans le Paraguay et on l'a introduit dans les Antilles, à Bourbon et aux Philippines.

Dans presque tous ces pays, lorsqu'il est à l'état sauvage, la récolte de ses fruits est abandonnée aux aux singes, aux oiseaux et aux bêtes fauves de toutes espèces. Il en pourrit sur le sol des quantités immenses, et les naturels prennent à peine le soin d'en ramasser quelques sacs qui, sous le nom de sauvageons, se mêlent aux cacaos cultivés des plus basses sortes.

Le cacaoyer, arbre de la famille des malvacées, a, par son port et son aspect, beaucoup d'analogie avec un cerisier de moyenne taille. Son bois, blanc, poreux, cassant et fort léger, est recouvert d'une écorce couleur de cannelle ; ses feuilles, qui se renouvellent sans cesse, sont terminées en pointe et ont la forme d'un fer de lance. Les plus grandes ont 25 à 30 centimètres de longueur sur 10 de largeur ; elles sont roses en naissant et deviennent glabres, d'un vert foncé en grandissant. Elles sont attachées aux branches par de larges pétioles ; des fleurs très-minces à cinq pétales, jaunâtres ou couleur de chair et sans odeur, naissent en faisceaux serrés toute l'année sur le tronc et sur les branches. La plupart avortent et tombent ; celles qui restent produisent des fruits nommés cabosses de la forme et de la grosseur d'un concombre. La capsule raboteuse et coriace est partagée en une dizaine de côtes peu saillantes. Chacun de ces fruits est divisé à l'intérieur en cinq loges membraneuses contenant 10 à 12 graines ou amandes entourées d'une pulpe rosée, gélatineuse, aigrelette, qui fournit un rafraichissement fort agréable. Ces graines constituent lorsqu'elles sont desséchées et préparées, le cacao du commerce.

Elles ont, lorsqu'elles sont fraiches, la forme d'une olive; lorsqu'elles sont mûres, la pellicule qui les entoure est d'un rouge vif et la chair intérieure d'un rouge obscur.

L'arille ou écorce de cacao renferme un principe astrigent et aromatique dont l'eau se charge par infusion ; aussi l'emploie-t-on en guise de café dans certaines contrées entre autres l'Irlande et le nord de la France.

La culture développe énormément la fécondité du cacaoyer et la qualité de ses fruits ; il exige une température douce et humide, une terre vierge et profonde dont les sucs abondants puissent suffire à sa luxuriante végétation. Il aime des vallées bien arrosées et doit être protégé contre l'ouragan , l'inondation et surtout contre les innombrables ennemis dont il excite la gourmandise, enfin, il est nécessaire qu'il soit abrité par de grands arbres ou des haies contre le soleil trop ardent.

Il faut préparer avec soin le sol destiné à devenir une cacaoyère, semer le cacao en graines et, pendant cinq ans, veiller sur sa croissance avec activité et vigilance sans avoir de récolte. A six ans le cacaoyer a acquis toute sa force, et si le colon lui applique une culture attentive, il le voit pendant 20 ou 30 ans toujours couvert de feuilles, de fleurs et de fruits.

Le cacaoyer paye donc richement les soins et la protection qu'il exige, et cependant sa culture est presque partout négligée ou abandonnée.

Le planteur, impatient d'arriver à la fortune, n'aime pas attendre si longtemps une première récolte ; il est effrayé par les fièvres qui courent dans les régions humides des cacaoyères, il en est chassé par les myriades de moustiques qui y pullulent, et il craint de spéculer sur une plantation dont le produit et l'existence lui paraissent soumis à mille chances contraires.

Les cabosses mûres pendent toute l'année au tronc et aux principales branches du cacaoyer ; on en fait la cueillette tous les quinze jours ou tous les mois. Il y a cependant deux récoltes principales, celle d'été qui a lieu vers la fin de juin et celle d'automne qui a lieu en décembre. On préfère généralement les cacaos de la première récolte à cause de leur meilleure préparation.

Avant d'être livrés au commerce, les cacaos ont besoin de subir une fermentation qui les prive de la faculté de germer, et une dessiccation qui les met à l'abri de la moisissure. La réussite de ces opérations dépend en grande partie des conditions atmosphériques.

Les cabosses, abattues par des nègres armés de longues gaules, sont transportées sous des hangars où des femmes, à l'aide de larges couteaux, les éventrent, dépouillent les fruits de leur écorce rugueuse et séparent les graines de la pulpe à l'aide d'une spatule.

On fait ensuite subir aux amandes une opération dont le mode, variable suivant les contrées, influe grandement sur la qualité du cacao. Le plus souvent, on creuse dans le sol une fosse peu profonde; on y jette les graines, on les recouvre d'une légère couche de sable fin et on les laisse ainsi pendant trois ou quatre jours, en ayant soin de les remuer tous les matins, afin d'empêcher la fermentation de s'établir trop rapidement et de dégénérer en décomposition putride. — Les graines perdent dans cette opération, qu'on appelle le terrage, la faculté de germer; elles deviennent plus douces, leur arome et leur saveur se développent.

Après avoir ainsi ressué, les amandes sont débarrassées de tout brin de pulpe, étendues sur des aires en planches et desséchées au soleil ou dans des séchoirs couverts. Lorsqu'elles résonnent en les secouant les unes contre les autres et qu'elles se cassent en les serrant dans la main, elles ont acquis le degré de dessiccation voulu et perdent 45 à 50 pour 100 de leur poids. On les enferme alors dans des sacs en toile ou en peau, parfois dans des caisses ou des nattes que l'on dépose dans un lieu sec jusqu'au moment de l'expédition.

Lorsque le cacao a été recueilli bien mûr et que sa préparation a été réussie, sa couleur est d'un gris brun, sa pellicule légèrement ridée; l'amande est lisse et remplit entièrement la coque. Sa saveur est agréable, quoique un peu amère et astringente; son odeur très-faible et douce se développe à la torréfaction.

CHAPITRE IV

CARACTÈRES, QUALITÉS ET PROVENANCES DES PRINCIPALES SORTES DE CACAO. — COMPOSITION CHIMIQUE DU CACAO. — BEURRE DE CACAO. — CACAO EN POUDRE. — LA VANILLE, DESCRIPTION, CULTURE ET RÉCOLTE.

Les différentes espèces de cacao livrées au commerce diffèrent beaucoup entre elles; on les classe d'après leurs provenances; nous citerons les principales par ordre de mérite.

Les cacaos caraques ou de la Côte-Ferme se récoltent dans les provinces de Caracas et de Cumana, et dans quelques autres localités voisines de l'Orénoque; ils nous parviennent soit par Caracas, soit par Porto-Cabello. Il y en a de deux sortes principales : les *caraques* de premier choix sont de la grosseur d'une olive, leur forme est arrondie mais irrégulière. L'amande est d'un brun clair et s'écrase facilement. Leur saveur est très-douce et ils sont doués d'un arome particulier très-agréable.

Les caraques de second choix ou *petits caraques* offrent des amandes moins volumineuses, de forme ovoïde. Ils possèdent, dans une moindre proportion, les principales qualités qui distinguent les caraques et donnent, comme eux, au chocolat, cette belle couleur rougeâtre caractéristique.

Le cacao *de la Trinité* a acquis, dans ces dernières années, grâce à la culture attentive dont il est l'objet et à sa bonne préparation, des qualités qui le rapprochent du caraque. Son arome fort et agréable s'allie parfaitement avec celui des cacaos meilleur marché qu'il domine et dont il tempère l'amertume ; ses graines sont de forme aplatie, leur pellicule est grisâtre et leur chair d'un brun clair.

Le cacao *Maragnan ou du Para* nous est fourni par le Brésil, et c'est lui qui sert en France de base à la fabrication des chocolats ordinaires, mais de bonne qualité. Il est plat, allongé, d'un brun foncé, moins aromatique et plus acerbe que le caraque. Son goût est cependant franc, lorsque l'amande est saine ; malheureusement la récolte, la préparation et le transport se font au Brésil dans de très-mauvaises conditions.

Après ces sortes, on peut placer le *Guayaquil*. Ce cacao, d'une saveur franche, mais forte, est recherché pour la fabrication des chocolats à bon marché. Les Anglais et les Espagnols en consomment de très-grandes quantités.

Les cacaos de la *Martinique* sont aussi beaucoup employés dans la fabrication ordinaire, ils ont quelque analogie avec les c[illegible]os du Para, mais leur qualité est cependant bien inférieure à celle de ces derniers. Leur chair est plus noire, leur saveur un peu astringente. A la suite de nombreux essais et par les procédés qui me sont propres, je suis parvenu à préparer ces cacaos de manière à faire disparaître la saveur âcre et vineuse qu'on leur reprochait et à en faire ressortir des qualités jusqu'alors inconnues : ce résultat me permet de livrer à la consommation des chocolats à bon marché d'une qualité rare.

Il reste à citer ensuite les *cacaos des Iles* qui proviennent des plantations faites dans les Antilles et à Bourbon ; leur saveur est généralement peu agréable; les grains sont petits; la pellicule, rougeâtre et fine, se sépare difficilement de l'amande.

Les caractères qui distinguent les différentes sortes de cacao ne sont pas assez marquants pour que l'on puisse les reconnaître à première vue. Un goût, un odorat et un œil expérimentés sont nécessaires pour distinguer les provenances et découvrir le mélange des qualités inférieures ou des grains avariés avec les bonnes sortes.

La chimie se rend aujourd'hui compte de la valeur nutritive des aliments en recherchant les éléments qui les composent, et la physiologie explique d'après cette composition, le rôle qu'ils jouent dans l'entretien des forces vitales et l'organisme.

L'analyse du cacao a été souvent faite par des chimistes distingués, entre autres par MM. Payen, Chevalier et Pommier; la voici, d'après M. Boussingault, membre de l'Institut de France :

Matière grasse (beurre de cacao)	44
Albumine (matière azotée)	20
Théobromine (caféine)	2
Gomme	6
Amidon (cellulose)	13
Sels et substances colorantes minérales	4
Eau	11
	100

Cette analyse, dit M. Debay, auteur de l'hygiène alimentaire, démontre que le cacao contient plus de matière azotée que le froment et vingt fois plus de substances grasses. L'amidon qui en fait partie, associé à un principe aromatique, en facilite la digestion. Donc le cacao, mélangé à son poids égal de sucre et formant, après une série de manipulations, le produit auquel on a donné le nom de chocolat, est un aliment substantiel, réparateur et très-propre à ramener les forces épuisées. Devant cette analyse, que diront ses détracteurs et quelles raisons donneront-ils pour soutenir leur opinion aussi erronée qu'étrange?

Parmi les différentes matières qui entrent dans la composition du cacao, la plus remarquable est sans contredit la matière grasse désignée sous le nom de beurre de cacao. On l'obtient par la pression à une température convenable des cacaos préalablement broyés et réduits à l'état liquide; on le purifie en lui faisant subir plusieurs filtrations successives. Le beurre de cacao pur est un corps, à la température ordinaire d'une consistance analogue à celle du suif; sa couleur est d'un beau jaune pâle, et son odeur très-douce rappelle celle du cacao. Il entre en fusion à une faible température. La pharmacie et la parfumerie ont créé au beurre de cacao de nombreux usages et le font entrer dans une foule de préparations.

On extrait souvent une partie du beurre que contiennent les cacaos pour les employer ensuite à la fabrication du produit connu sous le nom de cacao en poudre. Cet aliment, moins agréable peut-être que le chocolat, est plus léger et plus tonique; son usage est recommandé par les médecins aux personnes délicates dont l'estomac est affaibli par les digestions laborieuses et à celles qui, pendant l'été, trouvent le chocolat un peu alourdissant et cessent d'en prendre en cette saison. La fabrication du cacao en poudre, quoique très-simple, exige les plus grands soins; il faut choisir les sortes de cacao les plus douces et douées de l'arome le plus suave. C'est un produit difficile à conserver, il perd vite son parfum et ses qualités s'altèrent promptement; il est en outre sujet à beaucoup de mélanges; aussi le consommateur devra-t-il s'attacher avec beaucoup de soin à le choisir très-frais et à ne s'adresser qu'à des maisons dont l'honorabilité soit une garantie.

La vanille, dont le nom dérive de l'espagnol : *vainilla*, petite gaine, à cause de la forme du fruit, est, de tous les aromates employés dans la fabrication du chocolat, celui qui produit les meilleurs résultats pour le goût et pour l'hygiène.

Le vanillier appartient à la famille des orchidées ; c'est un arbrisseau sarmenteux et grimpant, originaire des Antilles et de l'Amérique tropicale. On le cultive en grand au Mexique, à la Réunion, aux Antilles et à l'île Maurice. La tige verte et noueuse monte et serpente le long de grands arbres sur lesquels elle s'attache et vit en parasite ; les feuilles sont épaisses, coriaces et ondulées sur les bords ; les fleurs, disposées en épis vers le sommet des tiges, sont grandes et douées d'un agréable parfum : elles sont tantôt blanches, tantôt jaunes ou purpurines. Les fruits qui leur succèdent sont des siliques ou gousses longues de 15 à 25 centimètres, de la grosseur du petit doigt, un peu arquées et composées de deux parties ou valves que l'on peut comparer aux cosses du haricot. Les siliques sont, à leur maturité, d'une couleur brun foncé et ridées dans le sens de la longueur ; elles renferment une quantité de petites graines noires qui nagent dans une liqueur huileuse, et elles exhalent une odeur balsamique des plus agréables.

Les gousses de vanille destinées au commerce sont cueillies un peu avant la maturité afin de les empêcher de s'ouvrir; après les avoir fait sécher on les enduit d'huile pour les conserver souples et onctueuses. Ainsi préparées, elles prennent la forme de baguettes minces qu'on réunit en paquets serrés de 50 à 60, puis on les emballe dans des caisses de fer-blanc hermétiquement fermées. C'est en cet état que la vanille nous arrive; au bout d'un certain temps les gousses se recouvrent de petits cristaux blancs et brillants d'acide benzoïque, c'est ce que l'on appelle alors de la vanille givrée. Les meilleures vanilles sont produites par le Mexique, ce sont les seules employées dans la fabrication des CHOCOLATS CHOQUART; celles de l'île de la Réunion sont ensuite les plus recherchées.

Une variété de vanille que l'on tire du Mexique et des Antilles est connue sous le nom de vanillon; elle est plus petite, peu parfumée et par conséquent beaucoup moins estimée.

CHAPITRE V

FABRICATION DU CHOCOLAT. — TORRÉFACTION. — BROYAGE. — DRESSAGE ET ENVELOPPES.

Le cacao est la base du chocolat, son élément essentiel ; le sucre s'y mêle pour corriger son amertume et le rendre plus soluble ; la vanille relève son goût, lui donne plus de délicatesse et stimule l'appétit des estomacs débiles ou paresseux. C'est à ce petit nombre de matières premières que le goût et l'expérience ont réduit les nombreux ingrédients qu'on avait tenté d'associer au cacao pour entrer dans la composition du chocolat. D'autres substances, telles que le salep, le tapioca, peuvent s'y joindre pour lui donner des propriétés spéciales, mais ces chocolats forment alors une classe à part qui ne saurait être comprise dans la fabrication générale.

La qualité du chocolat dépend du choix des matières premières et de la perfection des procédés de fabrication ; ces deux conditions essentielles sont difficilement remplies ; elles exigent des capitaux assez considérables, des relations directes avec les pays de production, un outillage spécial, et chez le fabricant un tact, un savoir, une expérience, une finesse de goût et d'odorat, et surtout une attention, une surveillance qu'on trouve rarement réunis.

Quoique tous les cacaos contiennent les mêmes éléments, chaque provenance se distingue par des qualités particulières qui se complètent, se corrigent et se font valoir heureusement les unes les autres lorsqu'un goût exercé sait les marier ensemble dans la composition des chocolats. Le caraque peut être employé seul, sa cherté le réserve pour les chocolats de luxe. Le maragnan, joint au caraque ou au trinidad en proportions plus ou moins grandes, compose les bons chocolats ordinaires.

Avant la torréfaction, le cacao passe dans un appareil dit *crible diviseur,* destiné à nettoyer les amandes et à extraire la poussière et tous les corps étrangers qui se trouvent mêlés avec les bons grains. Ce travail améliore beaucoup le résultat de la torréfaction, car le cacao ainsi préparé n'est en contact, pendant sa cuisson, avec aucune odeur capable de nuire à son parfum.

La torréfaction a pour but de détruire les principes acerbes du cacao, d'en développer la partie aromatique et de le rendre facile à décortiquer et friable. C'est une opération très-importante : de sa réussite dépendent en partie les qualités du chocolat. On se sert d'un brûloir cylindrique ou sphérique dans lequel des agitateurs impriment aux amandes un mouvement continuel, pour que chacune d'elles soit en contact tour à tour avec les parois soumises à l'action du feu. Le brûloir est pourvu d'une éprouvette qui permet de suivre et d'apprécier la marche de l'opération. La torréfaction ne doit être confiée qu'à une personne dont les sens sont assez subtils pour pouvoir juger à chaque instant du degré de dessiccation et arrêter la cuisson juste au point voulu.

Pour atteindre ce résultat avec plus de précision, tous nos brûloirs sont mus par la vapeur qui leur imprime un mouvement régulier et uniforme; en outre ils sont montés à roulettes sur un petit chemin de fer pour les retirer du foyer avec facilité et consulter l'éprouvette.

S'il n'est pas assez desséché, le cacao est d'un travail difficile, le chocolat qu'il produit est lourd à l'estomac, sa saveur est faible, et il ne saurait se conserver longtemps. Si la cuisson a été trop vive ou trop prolongée, le cacao est privé d'une partie de son beurre; ses principes aromatiques sont altérés, il est excitant et d'un goût peu agréable. Les chocolats espagnols pèchent généralement par le manque de cuisson du cacao, et les chocolats italiens par le défaut contraire.

En France, on s'arrête, entre ces deux extrêmes, à un degré de dessiccation suffisant pour détruire l'amertume et développer le parfum sans amoindrir les qualités onctueuses.

Lorsque la torréfaction est parfaitement réussie, le

chocolat, s'il est dans un endroit frais et sec, peut se conserver indéfiniment sans perdre aucune de ses qualités. Nous avons fait à ce sujet des expériences qui nous permettent d'avancer cette opinion avec certitude.

Au sortir du brûloir, la cacao est étendu sur des claies pour refroidir, puis on le jette dans le concasseur-ventilateur qui brise les fèves et détache les coques que l'action du tarare expulse aussitôt.

Les amandes concassées passent à nouveau dans le crible diviseur qui extrait les germes ainsi que les coques qui ont résisté au travail du ventilateur et divise le grain en plusieurs séries de grosseurs.

La préparation du cacao est enfin complétée par un minutieux triage à la main qui ne laisse pour la fabrication que la chair des amandes parfaitement saines.

Le cacao est alors soumis à un premier broyage dans un moulin auquel on donne le nom de *mélangeur*, parce qu'il opère le mélange du cacao et du sucre. Il est composé d'un plateau creux et horizontal, en marbre, dans lequel tournent sur elles-mêmes plusieurs meules en granit. La machine est entretenue constamment à une douce température pour fondre la substance butyreuse du cacao pendant que le broyage ramollit les autres parties de l'amande, et on arrive bientôt à obtenir une pâte presque liquide.

On mèle alors au cacao, par portions convenables, de manière à ne pas détruire sa fluidité, une quantité, égale à son poids, de sucre de canne raffiné et la vanille ou les aromates qu'il doit recevoir. Ces substances ont été broyées séparément; la vanille a été soumise à l'action des cylindres qui l'ont déchirée, pulvérisée et réduite en atomes impalpables mêlés à uue petite quantité de sucre qui a aidé à développer et à étendre son parfum.

Lorsque le cacao a reçu la quantité de sucre voulue, on soumet le mélange aux ***broyeuses***, composées de trois cylindres en granit, roulant les uns contre les autres et tournant sur eux-mêmes dans un châssis en fonte. A l'aide d'une vis sans fin, on serre à volonté ces cylindres selon le degré de finesse que l'on veut obtenir. Les trois cylindres broyeurs sont animés de vitesses différentes calculées pour que la marche de la machine soit régulière. Outre l'écrasage, ils impriment à la pâte un mouvement continuel, la travaillent, la pétrissent en tous sens, opèrent le mélange le plus intime des matières, les fondent ensemble, imprègnent chaque atome de substance butyreuse et développent avec une suavité incomparable les principes aromatiques.

Pendant ce travail, des quantités de bulles d'air se sont introduites dans la pâte; l'action de la malaxeuse ou boudineuse a pour but de les extraire. Cette machine se compose d'un récipient ayant la forme d'un cône renversé, au sommet duquel tourne une vis sans fin dans laquelle la pâte s'engage et se trouve soumise à une pression tellement forte que toutes les bulles d'air se trouvent expulsées.

Le chocolat sort de cette machine en un long boudin et se trouve amené sur une table où on le divise en tronçons de 250 grammes. Après ce pesage on place la pâte dans des moules rangés sur une table tapoteuse dont le travail consiste à secouer vivement les moules pour y faire aplatir le chocolat qui en prend la forme et l'empreinte, et se trouve ainsi marqué au nom du fabricant.

En quittant la tapoteuse, les moules passent au refroidissoir, vaste salle bien aérée, tenue à une température fraîche et toujours égale ; la pâte s'y solidifie et diminue de volume, ce qui en permet l'extraction facile du moule.

Le chocolat ainsi dressé, il ne reste qu'à le mettre à l'abri des atteintes de l'air et de l'humidité. On enveloppe pour cela chaque tablette dans une feuille d'étain et on la recouvre d'un papier ou d'une boîte portant le nom du fabricant et la marque de fabrique.

En décrivant si rapidement les différentes opérations que nécessite la fabrication du chocolat, je ne suis pas entré dans le détail des soins minutieux qu'elle exige. La pâte est très-sensible aux influences extérieures : la salubrité et la propreté des ateliers sont d'une grande importance, la température doit y être toujours douce et uniforme; enfin il faut éviter au chocolat, le plus possible, le contact du fer et de la main de l'ouvrier. Les plus grandes précautions sont prises à cet égard dans mon usine.

Les chocolats, quelles que soient leur forme et leur finesse, sont tous fabriqués par les mêmes procédés; mais, pour devenir bonbon, la pâte a encore à subir de nombreuses manipulations. A ce point, la fantaisie a une large part, l'imagination du fabricant est sans cesse en travail pour trouver des combinaisons d'aromes nouveaux, des formes séduisantes à l'œil, et l'on met à contribution toutes les ressources du cartonnage et de la tabletterie pour donner à ces friandises des enveloppes qui ajoutent au charme du cadeau qu'on en fera.

CHAPITRE VI

CARACTÈRES D'UN BON CHOCOLAT. — CHOCOLATS DE SANTÉ. — CHOCOLATS VANILLÉS. — LE CHOCOLAT IMPÉRIAL. — PRIX MOYEN DU BON CHOCOLAT. — COMMENT L'ON PREND LE CHOCOLAT EN FRANCE, EN ESPAGNE, AU MEXIQUE, EN ITALIE, EN ANGLETERRE, EN ORIENT, EN RUSSIE ET EN ALLEMAGNE.

On a cherché à indiquer les caractères auxquels on peut reconnaître un chocolat bien fabriqué, et on y est parvenu d'une manière générale.

La pâte est d'une belle couleur brune plus ou moins rougeâtre, suivant la qualité; la surface est polie et brillante, l'odeur douce et fraîche est excessivement agréable, la cassure est nette, elle exige un certain effort et découvre un grain fin, uni, serré, de même couleur que la surface. Le bon chocolat fond facilement dans la bouche; il se ramollit à une douce température et fond à celle de 65 à 70 degrés. Sa dissolution dans l'eau ou le lait ne laisse aucun dépôt; il n'épaissit que très-peu par la cuisson. Il est, ajoute Brillat-Savarin, aromatique sans être acerbe, lié sans être féculent, sucré sans être fade. Tout chocolat qui ne présente pas ces caractères doit être rejeté comme mal fabriqué, altéré ou falsifié.

Les chocolats appelés vulgairement *chocolats de santé* sont ceux dont la composition est la plus simple; ils ne renferment uniquement que du sucre et du cacao. Lorsqu'ils sont bien fabriqués, ils fournissent un excellent aliment qui nourrit et fortifie.

Je conseillerai cependant à mes lecteurs l'usage d'un bon *chocolat vanillé* dans de justes proportions, car le parfum de la vanille communique au chocolat un goût des plus agréables, et en outre l'action stimulante de la vanille provoque l'appétit et rend la digestion plus facile.

Tous les caractères généraux qu'on indique comme étant ceux d'un bon chocolat, toutes les qualités qu'on lui connaît, se trouvent réunis dans mon *Chocolat Impérial.* Les cacaos qui le composent sont choisis parmi les caraques les plus doux et les plus aromatiques; ils ont longuement séjourné au séchoir avant d'être livrés au brûloir, et la torréfaction la plus légère suffit pour développer leur parfum.

De là cette couleur d'un brun presque pourpré, d'une nuance si franche et si vive qu'on ne trouve pas chez les autres.

La vanille la plus fine y mêle son plus riche parfum; la fabrication longue, minutieuse, faite avec des appareils spécialement perfectionnés est surveillée par moi avec un soin extrême que l'on reconnaît en voyant le grain si fin et l'homogénéité parfaite de la pâte. Son odeur appétissante annonce déjà toute sa délicatesse; mangé sec il imprègne le palais d'aromes que le goût n'oublie pas. Son usage réconforte, fortifie promptement les personnes les plus languissantes : celles qui ne peuvent supporter les chocolats ordinaires, mêmes fins, digèrent et s'assimilent le *Chocolat Impérial* sans la moindre fatigue. Sa Majesté l'Impératrice en fait constamment usage et lui accorde sa préférence sur les chocolats espagnols.

Une échelle de prix et de qualités s'est établie suivant le degré de finesse et la composition des chocolats; le type moyen du commerce est le chocolat de 2 francs le demi-kil.; au-dessus et au-dessous s'échelonnent les qualités supérieures et ordinaires.

En bonne qualité, le chocolat mangé sec est un délicieux aliment, le plus salutaire aux tempéraments défaillants, aux estomacs faibles qui ne digèrent bien que de petites quantités de nourriture souvent répétées; il est d'une grande ressource pour les vieillards et les enfants auxquels il permet d'attendre sans fatigue les heures de repas; chacun sait combien il est précieux en voyage.

Le jour de Solférino, quelques tablettes de *Chocolat Impérial* nourrirent seules l'Empereur; qu'il soit permis à son fournisseur ordinaire de rappeler ici un détail de cette glorieuse journée.

Je fabrique spécialement pour manger à la main des chocolats très-fins et très-fondants divisés en petites tablettes et se conservant très-bien dans de petites bonbonnières.

Pris à l'eau ou au lait, le chocolat est le meilleur, le plus simple et le moins coûteux des déjeuners. A l'heure matinale où l'estomac est encore affadi et presque fatigué par le long repos de la nuit; ses aromes réveillent l'appétit, fortifient l'organisme entier et laissent au cerveau la lucidité et l'activité nécessaires pour vaquer aux occupations ou aux travaux importants qui remplissent d'ordinaire cette première partie de la journée. C'est la manière la plus usitée de le prendre en France.

Lequel du chocolat à l'eau ou au lait est préférable? c'est au goût de répondre. La raison de légèreté qu'on donne en faveur du chocolat à l'eau nous paraît peu prouvée; le plus grand nombre préfère le chocolat au lait, et je suis de ceux-là; seulement si vous êtes Parisien ou Parisienne, prenez toutes espèces de précautions pour avoir du lait pur provenant directement du pis d'une vache respirant à pleins poumons l'air de la campagne et tondant le pré de toute la largeur de sa langue.

L'Espagnol, qui fait du chocolat ses délices et sa principale nourriture, le boit peu au lait; il le laisse mijoter longtemps dans les cendres chaudes, et si son appétit est robuste ou son goût raffiné, en le retirant des cendres il casse un œuf frais, dissout soigneusement le jaune dans un peu de chocolat, comme nous faisons pour un lait de poule, et le verse dans une chocolatière assez haute; il s'arme alors d'un bâton court et dentelé au bout, le plonge dans le vase, et le prenant par le manche entre les mains, il lui imprime, en faisant glisser la paume des mains l'une contre l'autre, un rapide mouvement qui fouette le liquide et couronne bientôt le vase de mousse. On verse cette mousse dans les tasses, au fur et à mesure qu'elle se produit, jusqu'à ce que le liquide soit épuisé; on boit alors doucement ce chocolat parfumé et léger : une cigarette et une gorgée d'agua-fresca complètent le repas.

L'Espagnol a appris cette manière de faire le chocolat mousseux au Mexique où elle était pratiquée dès l'origine. Les savants font même dériver le mot chocolat de deux mots astêques : *chocault* qui signifie bruit, et *alte* eau, à cause du bruit que fait le moulinet en battant le chocolat dans le vase.

Au Mexique, on prend le chocolat mousseux fortement épicé, trois fois par jour, et on l'offre comme rafraîchissement dans toutes les visites. Des Indiens parcourent les rues de Mexico débitant le chocolat aiguisé de piment, parfumé de fleurs d'orjevala et coloré avec le fruit du roucouyer, comme au temps de Montézuma.

Le chocolat mousseux se consomme aussi en Italie, on le prend très-fortement torréfié, et bien souvent le Marsala ou tout autre vin généreux remplace l'eau. On ne peut nier que cette manière de préparer le chocolat, si elle ne flatte pas tout d'abord le palais qui n'y est pas habitué, fournit l'aliment le plus riche et le plus réconfortant que puisse souhaiter un estomac délabré.

La consommation du chocolat est peu importante en Angleterre; le cacao y est consommé, comme aux États-Unis, en poudre et en trochiques; le goût des bonbons en chocolats s'y répand cependant depuis plusieurs années. Pour y préparer le chocolat, on râcle les trochiques, où on jette la poudre de cacao dans l'eau ou le lait et on sucre comme il convient. C'est aussi la méthode hollandaise; nulle part, du reste le cacao n'est plus sujet aux mélanges et aux sophistications qu'en Angleterre.

L'Orient prend peu de chocolat; celui qu'il préfère est fortement aromatisé; l'ambre y joue son rôle. La Russie partage les mêmes goûts ; mais , l'excitation que l'on cherche dans ces chocolats ne s'y trouve pas toujours, il est même douteux que les substances et les parfums si disparates que le Chinois mêle aux boulettes de cacao qu'il prépare, produisent l'effet qu'il en attend, s'il n'y ajoute de l'opium pour se donner le rêve.

En Allemagne, on prend le chocolat comme nous prenons le café ; on le sert après le repas, fort léger, étendu de lait et un peu sucré. Cette boisson, connue sons le nom de bavaroise, constitue un rafraîchissement tonique, nourrissant et très-agréable, qui jouit maintenant d'une grande faveur dans les réunions de soirées, car les forces et la santé des danseuses s'en trouvent également bien.

Le chocolat est un produit des plus malléables, il se prête avec la plus grande docilité à toutes les combinaisons de la cuisine, de l'office et de la confiserie ; le chapitre suivant indiquera les recettes des principales préparations culinaires du chocolat, et mon but sera atteint si, comme je l'espère, mes conseils sont de quelque utilité à mon lecteur.

CHAPITRE VII.

PRÉPARATION DU CHOCOLAT A L'EAU ET AU LAIT. — PRÉPARATION DU CACAO EN POUDRE. — CRÈME AU CHOCOLAT. — CHOCOLAT A LA GLACE. — BAVAROISE. — TAPIOKA AU CHOCOLAT. — FROMAGE A LA CRÈME AU CHOCOLAT. — CHOCOLAT AU VIN DE CHYPRE.

Préparation du chocolat à l'eau et au lait.

Cette préparation est très-simple et très-facile, et cependant combien peu de personnes la réussissent ! Que de maîtresses de maison envoient leurs reproches au chocolatier et ne devraient s'en prendre qu'à la maladresse ou à la négligence de leur cuisinière !

Ne râclez pas votre chocolat au couteau, le contact du fer, si peu prolongé qu'il soit, lui est nuisible ; ne vous servez pas pour la même raison d'aucun ustensile en fer. Un vase en cuivre bien étamé, ceux de porcelaine ou d'argent, doivent seuls être employés.

Rompez votre chocolat en petits morceaux de la grosseur d'une noisette. Prenez une tablette des 12 au demi-kilogramme par déjeuner; mettez les morceaux dans le vase qui doit servir de chocolatière ; versez dessus une petite quantité d'eau ou de lait, et faites fondre en triturant le chocolat avec une spatule de buis pour aider la dissolution; lorsqu'elle est parfaite versez peu à peu le reste de votre eau ou de votre lait en remuant doucement. Laissez ensuite bouillir pendant 15 à 20 minutes.

On peut, quand il est cuit, laisser mijoter le chocolat auprès du feu ; après dix minutes ou un quart d'heure, il sera délicieux.

Madame d'Arestrel, supérieure des Visitandines, écrivait à l'auteur de la *Physiologie du goût :*

« Quand vous voudrez prendre du bon chocolat,
» faites-le faire dès la veille, dans une cafetière de
« faïence, et laissez-le là. Le repos de la nuit le con-
« centre et lui donne un velouté qui le rend meilleur.

« Le bon Dieu ne peut pas s'offenser de ce petit raffi
« nement, car il est lui-même toute excellence. »

Préparation du cacao en poudre au lait ou à l'eau.

La préparation du cacao en poudre est à peu près la même que celle du chocolat : on prend deux cuillerées à bouche de cacao par déjeuner et on fait dissoudre dans une petite quantité d'eau en remuant toujours; puis, quand l'ébullition commence, on ajoute le lait ou l'eau par petites quantités; on fai bouillir un peu et on le laisse réduire de 15 à 20 minutes. Le goût de chaque personne détermine la quantité de sucre à y ajouter; on le sucre dans sa tasse comme le café ou le thé.

Crème au chocolat.

La crème au chocolat est un des produits les plus exquis, et des plus distingués de l'art culinaire; c'est à tort qu'on la croit un peu lourde, à cause des principes nourrissants qu'elle contient; ses principes aromatiques, la vanille surtout qui en fait partie intégrante, stimuleut doucement, et on est étonné d'avoir digéré sans fatigue le repas succulent auquel elle sert d'entremets.

Prenez un litre de lait, faites chauffer, et au moment de l'ébullition mettez dedans un quart de gousse de vanille et 125 grammes de sucre; laissez refroidir. Faites fondre six tablettes de Chocolat Impérial dans un peu de lait, en les délayant avec une spatule en buis. Mêlez-y trois jaunes d'œufs très-frais, versez doucement dans votre lait refroidi en ayant soin de remuer avec la spatule en buis pour que le mélange soit irréprochable. Passez au tamis, faites cuire au bain-marie dans le vase où la crème doit être servie; enlevez lorsque vous la verrez suffisamment prise, et laissez refroidir.

D'autres recettes plus savantes ont été données, celle-ci est la plus simple et la meilleure, lorsque surtout la crème est confectionnée par une cuisinière émérite.

Chocolat à la glace.

La crème au chocolat glacée se fait d'une manière un peu différente de celle qui vient d'être décrite précédemment; je l'indiquerai dans ce style mathématiquement précis de la *Cuisinière bourgeoise* qui dit : Pour faire un civet, prenez un lièvre.

Faites bouillir un litre de lait dans lequel vous aurez mis un quart de gousse de vanille et mêlez-y six tablettes de Chocolat Impérial dissoutes à part comme c'est indiqué dans la préparation précédente; prenez quatre œufs frais, fouettez-en séparément les blancs avec un petit balai approprié, jusqu'à ce qu'ils aient pris une consistance neigeuse très-compacte. Versez-y alors vos quatre jaunes d'œuf et 100 grammes de sucre en poudre très-fine. Battez bien le tout ensemble avec un balai ; versez alors votre chocolat bouillant en fouettant toujours le mélange que vous mettrez sur le feu, et ne discontinuez pas de fouetter jusqu'à ce qu'il ait fait cinq ou six bouillons. Enlevez du feu, passez au tamis et laissez refroidir cette crème dans un vase en porcelaine ; versez alors dans votre sorbetière qu vous fermez et mettez dans la glacière, et agitez pendant un quart d'heure.

Ouvrez alors la sorbetière sans la retirer de la glacière et remuez bien votre crème à l'aide de la spatule en buis, pour bien mêler les parties déjà glacées avec les parties encore liquides. Fermez et agitez encore pendant un quart d'heure, et agissez ainsi jusqu'à ce que la crème soit bien en glace, assez ferme et compacte, parfaitement égale, sans morceaux durs ou granitiques.

Bavaroise au chocolat.

La bavaroise se fait d'une manière très-simple ; on choisit du Chocolat Impérial vanillé, très-fin ; on le fait fondre dans une petite quantité d'eau ou de lait, comme je l'ai indiqué précédemment, et on délaye avec du lait qu'on aura fait *bouillir* avec un peu de vanille et de sucre ; on ajoute une quantité de sirop suffisante et on sert très-chaud.

Tapioka au chocolat.

Faites bouillir un litre de lait, et lorsqu'il est en ébullition, jetez-y trois cuillerées de tapioka que vous mélangerez bien. Au bout de quelques minutes, retirez votre casserole du feu vif et laissez mijoter jusqu'à ce que le tapioka soit pris en gelée. Versez alors votre chocolat bouillant et remuez bien pour opérer le parfait mélange.

Fromage à la crème au chocolat.

Cette préparation bien réussie fournit un délicieux entremets qui flatte le palais des plus indifférents. Ce fromage n'est point lourd à l'estomac, car le sucre et le parfum qu'on y ajoute en rendent la digestion facile.

Faites tiédir de très-bon lait non écrémé, versez-y une cuillerée à soupe de présure liquide et attendez qu'il soit caillé. Alors faites égoutter ce fromage sur une étamine ; quand il ne contient plus de petit-lait, battez quatre jaunes d'œufs et aromatisez-les avec fleur d'oranger, vanille ou autre parfum. Versez ensuite votre chocolat préparé d'avance, et agitez avec une spatule de buis jusqu'à parfait mélange. Graissez votre moule avec du beurre, versez-y le mélange et laissez-le prendre au bain-marie.

Chocolat au vin de Chypre.

Ce breuvage tonique et stimulant doit faire partie des rafraîchissements d'une soirée ou d'un bal ; il relève promptement les forces et ses effets se portent sur l'économie entière ; cependant il ne convient qu'aux personnes dont l'estomac est en état normal, car dans le cas contraire son action stimulante pourrait éveiller des irritations assoupies.

Préparez votre chocolat à l'eau et sans le retirer du feu, versez-y un petit verre de vin de Chypre, Alicante, Malaga ou autre vin liquoreux. Laissez bouillir quelques minute; puis, après avoir retiré du feu, ajoutez au mélange quatre jaunes d'œufs battus et aromatisés avec de la vanille ou un autre parfum. Mêlez le tout jusqu'à ce que vous ayez obtenu une bouillie un peu épaisse, et faites chauffer quelques minutes sans laisser bouillir

CHAPITE VIII.

LE THÉ. — SON INTRODUCTION EN EUROPE. — IMPORTANCE DE SA CONSOMMATION EN ANGLETERRE, EN RUSSIE ET EN FRANCE.

L'usage du thé, en Chine et au Japon, remonte à la plus haute antiquité ; l'infusion du thé sert de boisson, dans ces deux empires, à toutes les classes de la population ; elle y est devenue, pour le riche comme pour le pauvre, un des besoins, une des nécessités de la vie. Peu à peu la réputation de cette feuille bienfaisante pénétra dans l'Inde, l'Arabie, la Tartarie et la Perse, et la consommation s'y répandit.

Ce sont les Hollandais qui, les premiers, introduisirent l'usage du thé en Europe ; au commencement du XVIIe siècle ils échangèrent à Macao, avec les Chinois, une cargaison de sauges, et ils firent cette opération avec tant d'adresse qu'ils obtinrent trois fois leur chargement de feuilles chinoises. Ils approvisionnèrent ainsi la France pendant plusieurs années du peu de thé qui s'y consommait. Un édit royal fixait, en 1692, le prix du thé à 30 fr. la livre, le commun, 50 fr. le médiocre, et 100 fr. la première qualité : sommes relativement énormes si l'on songe que la valeur de l'argent était près de cinq fois plus grande alors que de nos jours.

Le thé avait pénétré en Angleterre presque en même temps qu'en France; la Compagnie des Indes fit vers 1650 ses premières importations, quelques livres pour cadeaux.

L'introduction de l'opium en Chine mit bientôt aux mains de la puissante compagnie le commerce du thé, et elle en conserva le monopole pendant près d'un siècle. Pour se procurer le noir poison qut mène à l'abrutissement et à la mort par le rêve voluptueux, les Chinois donnaient cent fois sa valeur en feuilles bienfaisantes qui fournissent à l'Angleterre la boisson réconfortante la plus convenable à son climat et à son robuste appétit. La consommation annuelle du thé en Angleterre atteint aujourd'hui le chiffre énorme de cinquante millions de kilogrammes.

Les relations commerciales de la Russie et de la Chine datent de la fameuse ambassade envoyée en 1693 par le czar Pierre-le-Grand, et à la suite de laquelle un représentant moscovite obtint le droit de fixer à Pékin même sa résidence.

Presque tout le commerce entre les deux empires se fait par échange à Kiaktu, petite ville située sur les frontières asiatiques de la Russie et de la Tartarie chinoise, à 1,500 lieues de Moscou. Le transport des marchandises de Kiaktu à la foire de Nijni-Nowgorod s'effectue par terre et par eau ; dans le premier cas, il exige deux ans et dans le second trois. Les thés qui se vendent sur ces marchés, appelés *thés de caravanes*, ont été longtemps réputés d'une qualité supérieure à ceux qui nous arrivent par mer et par Canton.

Il est possible que le czar soit le seul souverain d'Europe auquel il soit permis de déguster le vrai thé impérial, provenant des collines sacrées où se récoltent le peckoe et le chulan, réservés à l'empereur de Chine et à sa famille; mais il nous paraît douteux que le thé acheté à Kiaktu et venu par caravanes soit de meilleure qualité que les excellentes sortes qui nous sont expédiées aujourd'hui directement de Shang-Haï et de Hong-Kong.

D'ailleurs, le préjugé qui faisait croire que les thés de caravanes s'amélioraient dans leurs longs trajets, à travers les steppes, les cours d'eau, les canaux et les marécages de la Russie, ne peut plus exister aujourd'hui.

Il est hors de doute que ces thés sont sujets à des chances d'altération bien plus nombreuses que ceux qui nous arrivent par mer en quelques mois seulement, dans des emballages imperméables et qui sont casés à bord avec les précautions les plus minutieuses. La comparaison des thés des deux provenances tranche la question mieux que tous les raisonnements; mais, malgré cela, rien n'empêchera les thés de caravanes de vivre longtemps encore sur leur antique réputation. La Russie importe annuellement environ quinze millions de kilogrammes de thé; elle en fournit à la Suède, au Danemark et à l'Allemagne, et même elle en expédie en France de petites quantités; pour ma part, je me suis mis en relations avec une des principales maisons de Moscou, afin de pouvoir satisfaire le goût des opiniâtres amateurs des thés de caravanes.

Le thé a été considéré en France, pendant près d'un siècle, comme une simple boisson médicinale; lorsque naquit l'anglomanie, quelques grandes maisons en adoptèrent l'usage, mais ce ne fut guère qu'après 1814, que, des salons aristocratiques, il passa dans ceux de la bourgeoisie. Depuis dix ans, les progrès que cette boisson a faits dans la consommation sont des plus notables. On sert aujourd'hui le thé concurremment avec le café, après tous les repas de cérémonie, et on l'offre dans toutes les soirées, dans tous les bals et même dans les moindres réunions. Les services qu'il rend pendant ces terribles invasions de choléra, qui semblent se multiplier, le popularisent chaque jour davantage. L'importation du thé en France s'est élevée en 1866 à cinq cent mille kilogrammes environ.

Le thé est peut-être, des aliments aromatiques, le plus remarquable par la suavité de son parfum qui provoque l'appétit et stimule l'énergie vitale ainsi que les facultés intellectuelles. La manière de le prépare et de le servir est devenue un art et fait partie de l'éducation d'une demoiselle de bonne maison.

Quelques instants après après avoir bu une infusion de thé convenablement préparée, la circulation du sang s'active, le pouls s'accélère et on éprouve uu développement de force qui vous rend apte à toute espèce de travail. La stimulation nerveuse produite par cette boisson agit sur le corps et sur l'esprit pendant quelques heures et n'occasionne ni malaise ni lassitude.

Frappé des propriétés bienfaisantes de cette feuille et des services qu'elle pouvait rendre à l'alimentation, il me vint à l'esprit de joindre à la fabrication du chocolat le commerce du thé et d'appliquer tous mes efforts à en répandre la consommation.

Dès le principe, je me suis attaché à n'avoir que d'excellentes sortes que j'ai toujours vendues aux prix les plus modérés, et aujourd'hui mon commerce est devenu assez important pour que j'aie pu établir des relations directes avec la Chine; l'acheteur de ma maison réside à Hong-Kong ; il a sur les récoltes et les provenances, les connaissances qu'un Chinois peut seul posséder : c'est par lui que m'arrivent les thés supérieurs qui font les délices des mandarins et qui ne parvenaient jamais autrefois à Paris.

Confiant dans les bonnes qualités que je reçois et que je livre, je dis que ce n'est pas assez pour une boisson aussi salutaire d'avoir conquis le salon. Aussi j'espère voir la consommation grandir et le thé figurer sur la table du déjeuner : l'intelligence et le goût y gagneront également. Il n'y a pas à douter que ce résultat ne soit atteint, car S. M. l'Empereur, à qui rien de ce qui intéresse le bien-être des populations n'échappe, a déjà pris l'initiative pour abaisser à une somme insignifiante les droits de douane sur le thé. Quel motif pourrait donc empêcher maintenant la consommation de progresser? le bas prix du thé est assuré par cette réduction de droits, et la qualité y gagnera, car les falsificateurs ne trouveront plus assez d'intérêt pour s'exposer à la rigueur des lois.

CHAPITRE IX.

ARBRE A THÉ. — CULTURE. — RÉCOLTE. — PRÉPARATION DES FEUILLES ; TORRÉFACTION ET ENROULEMENT.

L'arbuste qui produit le thé est originaire des montagnes de la Chine, quoiqu'on ait prétendu l'avoir trouvé aux Antilles. Les botanistes l'ont placé dans la famille des camelliées ; il croît lentement et n'atteint son plus grand développement qu'au bout de six ou huit ans ; sa hauteur est alors de 1 à 3 mètres, mais on lui maintient une hauteur moyenne de 2 mètres, et on l'étale en cherchant à multiplier ses branches qu'il porte nombreuses et très-feuillées.

L'arbre à thé est toujours vert; ses fleurs, blanches, assez semblables à nos roses sauvages et d'une odeur agréable, ne sont pas utilisées; un fruit globuleux leur succède contenant deux amandes d'une saveur amère; on en extrait une huile qui sert à la cuisine et à l'éclairage.

Les feuilles sont la partie précieuse de l'arbre; ce sont elles qui renferment ces aromes délicieux qui, après avoir fait pendant tant de siècles les délices des Chinois, font aujourd'hui la conquête du monde entier. Les bourgeons sont pointus et revêtus d'une écaille qui tombe lors de leur développement; les feuilles sont alternes, lancéolées, assez droites, dentelées, longues de 4 à 5 centimètres et larges de 2; elles sont molles, flexibles, transparentes et rougeâtres quand elles sont jeunes; elles sont fermes, vertes et luisantes au bout de leur croissance, et deviennent dures et cassantes lorsqu'elles vieillissent. Tous ces caractères peuvent se reconnaître dans les différentes espèces de thé lorsque l'infusion a déroulé les feuilles dans la théière.

La culture du thé remonte en Chine aux premiers âges; la mémoire de Tang, l'empereur qui mit, 780 ans avant notre ère, le premier impôt sur cette feuille bienfaisante, est encore maudite.

On fait de vastes plantations en choisissant avec le plus grand soin une exposition favorable; l'arbre à thé se plaît sur le penchant des collines peu élevées et caressées par les premiers rayons du soleil levant. Comme pour la vigne, le terroir et l'exposition modifient énormément ses qualités; on le classe par crus ou cantons; les meilleurs se trouvent dans la province de Fou-Chéou.

L'arbuste donne sa première récolte au bout de trois ans, et s'il est cultivé avec soin, il peut atteindre l'âge de trente ou quarante ans. Au Japon où on lui attribue une origine divine, on le cultive en haies autour des champs et des prés.

On a essayé sans succès de cultiver le thé hors de la Chine; de nombreuses tentatives ont été faites pour l'acclimater en Europe et des plantations considérables existent à Sumatra et au Brésil; mais les feuilles ne donnent qu'une décoction amère et sans parfum. Cela provient-il du climat, ou de l'ignorance où l'on est des parfums étrangers que les Chinois mêlent aux feuilles de thé pour leur procurer leur délicieux arome? La question est encore bien douteuse.

La cueillette des feuilles se fait trois fois par an; la première récolte qui est la plus importante, commence dans les premiers jours d'avril après les fêtes consacrées aux dieux de l'agriculture. Chaque ouvrier porte devant lui une corbeille; d'une main, il saisit les branches et de l'autre il détache les feuilles avec les plus grandes précautions. Les feuilles récoltées ainsi serviront à la fabrication du thé vert; la cueillette du thé noir se fait d'une manière un peu différente : on dépose au pied de l'arbuste une grande corbeille dans laquelle on jette toutes les feuilles que l'on cueille alors avec les deux mains. L'habileté des moissonneurs est prodigieuse, leur travail rapide comme celui de ces nuées de sauterelles qui en un clin d'œil dépouillent un arbre. Les feuilles de cette première récolte, jeunes, tendres, encore recouvertes d'un fin duvet et douces au goût, préparées avec des soins extrêmes, donnent le thé le plus délicat.

C'est à cette époque que de jeunes vierges cueillent sur les collines réservées depuis l'origine, le thé qui doit abreuver l'empereur de Chine et sa famille. Ce thé reçoit le nom d'Impérial; les souverains qui en ont reçu en présent direct du Fils du soleil ou du Taïkoun peuvent seuls se flatter en Europe de l'avoir dégusté; malheureusement le thé impérial du commerce n'a avec lui de commun que le nom.

Dans les premiers jours du mois de juin, les feuilles ont repoussé, et on procède à une seconde récolte; enfin à la fin de la saison, on ramasse encore des feuilles vieilles et dures qui donnent le bohéa.

On a cru longtemps que les diverses sortes de thés enaient d'autant d'espèces d'arbustes, mais il est reonnu aujourd'hui que l'âge des feuilles et leur préparation en établissent seules les différences.

La feuille verte du thé, lorsqu'elle vient d'être cueillie, contient un suc très-âcre dont il faut la débarrasser, et de plus elle a besoin que la torréfaction développe son parfum.

Cette opération est sans contredit la plus importante de l'art de préparer le thé ; elle doit se faire le jour même de la cueillette des feuilles, afin d'éviter toute fermentation nuisible. On ne connait encore que très-vaguement les procédés employés par les Chinois dans cette opération ; je puis cependant en donner un rapide aperçu, et je commencerai par décrire la préparation des thés noirs.

Après plusieurs manipulations diverses, on jette les feuilles dans une bassine en fer fortement chauffée et on les étend uniformément au fond de cette bassine. On les remue ensuite avec la main et en tous sens, jusqu'à ce qu'elles deviennent brûlantes, et au bout d'une demi-minute, on les retire vivement pour les jeter dans de larges corbeilles ; on accélère alors le refroidissement des feuilles en les vannant, et lorsqu'elles sont arrivées à une température convenable, elles passent aux mains des ouvriers enrouleurs qui les frottent vivement, les pressent en tous sens et leur font rendre une eau verdâtre.

Lorsque les feuilles ont ainsi perdu une grande partie de leur humidité, on les jette à nouveau dans la bassine, puis les ouvriers enrouleurs recommencent leur travail, et on renouvelle ainsi l'opération jusqu'à ce que les feuilles soient toutes arrivées au point de dessiccation convenable.

Le lendemain on commence le triage qui se fait à la main ; les feuilles sont classées d'après leur finesse et leur longueur, et on obtient ainsi séparément le souchong et le congo.

Le pékao provient de la première récolte, lorsque les feuilles sont encore en bourgeons; sa préparation est un peu différente de la précédente. Il n'est torréfié que très-légèrement et sa dessiccation se fait le plus souvent dans des corbeilles peu profondes que l'on expose au soleil. Pendant cette opération, on mélange au pékao les plantes aromatiques destinées à lui communiquer leur parfum.

Pour fabriquer le thé vert, on procède de la manière suivante : lorsque les feuilles ont subi trois coctions successives, on les rejette à nouveau dans la bassine chauffée au rouge et on les remue avec des baguettes de bambou ; on ne les retire que lorsqu'elles sont sur le point de brûler. Quelques instants après, on les entasse dans des sacs de toile que l'on foule jusqu'à ce qu'ils aient diminué de moitié ; ces sacs sont alors placés toute une nuit dans un endroit frais, et le lendemain on en extrait les feuilles avec précaution pour les mettre dans des caisses où elles séjournent six mois. Au bout de ce temps, les caisses sont ouvertes et on en retire les feuilles que l'on ramollit et que l'on enroule; puis enfin, un tamisage à travers plusieurs cribles de différentes grosseurs donne séparément le thé hyson, le thé impérial, le thé perlé et le thé poudre à canon.

Voilà à peu près tout ce qu'on sait des préparations du thé ; la plus grande partie des manipulations nous sont inconnues, et c'est à peine si quelques fleurs oubliées dans les caisses nous ont révélé les noms des plantes étrangères qui servent à composer le parfum.

Les botanistes ont cependant reconnu déjà les plantes aromatiques suivantes : l'olea fragans, le camellia, la rose thé, la fleur d'oranger, le jasmin et l'anis étoilé.

Après avoir fait l'analyse chimique du thé, on a trouvé qu'il renfermait de la cire, de la résine, du tannin, de la gomme, une huile volatile, des substances azotées, analogues à l'albumine, quelques sels et un alcaloïde surnommé la théine tout à fait identique avec la caféine.

———

CHAPITRE X.

THÉS NOIRS ET THÉS VERTS. — LEURS CARACTÈRES. — DESCRIPTION DES DIFFÉRENTES ESPÈCES.

Les thés se partagent en deux grandes classes, les thés noirs et les thés verts, et ces deux classes comprennent chacune différentes espèces.

Les thés noirs, généralement préférés en France, sont moins irritants que les thés verts, plus doux, plus fins et aussi parfumés lorsque l'on n'use que des thés de choix ; ils ne sont d'ailleurs jamais altérés par l'addition de matières colorantes plus ou moins insalubres. Ils produisent une infusion d'une belle couleur jaune orange, bien limpide.

Le pékoë ou pékao est le plus aromatique, le plus recherché et le plus cher des thés noirs. Sa feuille, d'un noir argenté, tachetée de blanc à ses extrémités, est recouverte d'un duvet soyeux. Le pékao est très-estimé en France ; la Russie le recevait seule autrefois par caravanes, mais il nous arrive aujourd'hui d'excellentes sortes pouvant défier toute concurrence.

L'Angleterre n'en consomme que fort peu. Le pékao doit entrer avec une petite quantité d'hyson dans tout bon mélange de thé auquel le souchong sert de base.

Le thé jaune est une variété du pékao ; c'est un thé exquis lorsqu'il est bien préparé. Il n'en arrive que très-rarement dans les ports de Shang-Haï, Canton et Hong-Kong; aussi cette sorte est-elle toujours vendue à des prix très-élevés. Son infusion est moins transparente que celle du pékao noir ; elle est fort agréable, un peu astringente.

Le souchong est le plus fort des thés noirs ; il peut être pris seul ; son arome frais et suave est des plus agréables. Mêlé au pékao, il forme une boisson d'un goût exquis ; il est singulièrement estimé en Chine. La feuille du souchong de bonne qualité est large, la couleur est d'une teinte noire bien régulière.

Le congo est en Chine la boisson générale du peuple ; il est recherché par les Russes et les Anglais qui l'ont surnommé : *thé de famille*, et en consomment d'énormes quantité. Il donne à l'infusion un goût savoureux auquel se mêle une amertume agréable, impossible à décrire ; il est inférieur comme finesse au souchong, sa feuille est beaucoup plus menue et plus irrégulière.

Le pouchong est le thé des missionnaires catholiques qui, en fins dégustateurs, apprécient fort son arome léger et délicat ; sa feuille, plus grande que celle du souchong, a subi une torréfaction moins forte, aussi sa couleur est-elle moins foncée et conserve-t-il presque toujours un goût herbacé.

Le thé orange-pecco est un thé noir à feuilles régulières, très-fines, comme des aiguilles et douées d'un parfum particulier d'écorces d'oranges, ce qui lui a valu son nom. Ce parfum se développe beaucoup à l'infusion; pris seul, il est âcre et peu agréable; mais lorsqu'il entre en petite quantité dans un mélange, il lui communique un bouquet remarquable.

Les thés verts comprennent trois sortes principales : le hyson, la poudre à canon et le tonkay. Ils possèdent une action plus excitante que les thés noirs, ce qui les fait écarter beaucoup de la consommation en France; toutefois ils sont loin d'être malfaisants comme on les accuse souvent; il n'y a de malsains que les thés verts coloriés artificiellement, et je me garde bien d'en importer et d'en employer dans mes mélanges. On prend rarement le thé vert pur, presque toujours on le mélange en petites quantités avec le souchong et le pékao, auxquels il communique des parfums particuliers que les thés noirs ne peuvent posséder, en raison de leur torréfaction plus avancée.

Le thé hyson provient de la récolte des premières feuilles, au commencement d'avril. Il n'abandonne qu'avec peine son parfum à l'eau qu'il colore d'une nuance jaune citron. Sa feuille est large, charnue, ournée en spirale et recouverte d'un léger duvet; il a deux variétés : le hyson junior qui a un doux parfum de violettes, et le hyson chulan, très-rare et très-cher, qu'il faut commander un an à l'avance et dont le goût ne ressemble en rien à celui des autres thés, en raison du parfum étrange qui le domine.

Le chulan se prépare dans quelques établissements de Shang-Haï ; nul ne saurait expliquer quelles sortes de plantes les Chinois emploient pour parfumer ainsi le hyson ; ils mettent un soin extrême à fermer aux Européens l'entrée des ateliers où on le prépare.

Le thé impérial que nous nommons aussi perlé et poudre à canon, selon la grosseur des feuilles, est très-lourd et d'un vert foncé. Il se compose de feuilles soigneusement roulées en boules très-serrées ; son infusion est d'une belle teinte vert doré.

Au-dessous de ces sortes se trouvent, comme thé noir, le bohéa, le plus commun et le meilleur marché de tous les thés, et parmi les thés verts, le hyson-skin et le tonkay. Ces thés, bons tout au plus à servir de boisson aux dernières classes de la population chinoise, ne sont guère recherchés que par le commerce anglais qui peut seul en trouver l'écoulement.

CHAPITRE XI.

COMMERCE DU THÉ. — PRINCIPALES CAUSES QUI ONT ARRÊTÉ EN FRANCE LA CONSOMMATION DE CE PRODUIT.

Les barrières qui s'opposaient aux libres relations des Européens avec les habitants du Céleste-Empire ont été brisées par nos drapeaux victorieux; aussi le commerce du thé a-t-il pris, depuis quelques années à Hong-Kong et dans les ports chinois ouverts au commerce étranger, une extension considérable. En 1850, l'exportation n'était que de 50 millions de livres; en 1866, elle a presque atteint 134 millions, et tout porte à croire que ce chiffre ne restera pas stationnaire. Ce qui a surtout empêché la consommation du thé d'augmenter en France, proportionnellement a celle du café et du chocolat, c'est moins parce que Dieu a fait de notre pays la patrie de la vigne, qu'à cause de la difficulté de se procurer des thés de bonne qualité à des prix raisonnables.

Ce n'était certes pas lorsque le thé était taxé de trente à cent francs la livre que son usage pouvait se répandre; puis vinrent les guerres de la République et de l'Empire et le blocus continental; le pharmacien seul alors pouvait être a peu près approvisionné de la petite quantité de thé nécessaire à la pratique médicale. Lorsque enfin 1814 et 1815 nous habituèrent à l'usage du thé, nous ne pouvions plus nous approvisionner qu'en Angleterre, et nous étions forcés souvent d'accepter des rebuts et des falsifications.

Lorsque, dans le principe, le gouvernement du Céleste-Empire permit aux barbares d'Occident d'opérer des échanges avec ses sujets, il leur abandonna une partie de Canton, pour y établir leurs comptoirs et il délégua douze graves personnages nommés hanistes, pour trafiquer avec eux. Il organisa en même temps un système de concessions apparentes et de vexations occultes qui devait aboutir aux dernières guerres, mais dont s'accommoda d'abord le commerce anglais.

Érigés en compagnie, les négociants anglais plièrent les hanistes à leur volonté et s'emparèrent du commerce de la plus riche marchandise que la Chine pût livrer à l'exportation. La compagnie s'approvisionnait surtout des thés de basses sortes, y mêlait au besoin les feuilles récoltées dans ses plantations d'Assam, et, les chargeant sous forme de lest sur ses navires avec toutes espèces de marchandises, les portait dans les docks de Londres et de Liverpool, d'où ils nous arrivaient en troisième ou quatrième main.

C'était en parlant de ces thés que les missionnaires disaient qu'ils ne sortaient du Céleste-Empire qu'après avoir été plusieurs fois dans la chaudière chinoise.

La Russie, ainsi que je l'ai dit précédemment, entretenait, il est vrai, une mission à Pékin, et ses négociants transportaient par terre les thés jusqu'à Moscou et aux autres contrées de l'empire moscovite. Mais une partie de ces thés de caravanes se détériorait et l'autre était consommée dans le cœur même de la Russie. Les droits et les frais de transport les faisaient revenir à un prix qui rendait leur consommation presque impossible en France.

Les Américains parvinrent bien à déjouer les efforts des Anglais et à trafiquer directement avec les Chinois ; mais ils se contentèrent d'approvisionner leur pays, il n'entra pas en France de thé par cette voie.

Jusqu'à ces dernières années, le pavillon français paraissait peu dans les mers de Chine. L'initiative commerciale des simples particuliers ne pouvait guère se développer losqu'elle n'avait pas derrière elle un appui réel pour la soutenir.

Aujourd'hui, si notre marine marchande n'a pas encore pris en Chine l'importance qu'elle devrait y avoir, Shang-Hai et Hong-Kong sont peuplés de résidants français, et moi-même y ai mon représentant aussi connaisseur qu'un ancien expert haniste.

Par lui les thés m'arrivent directement, presque toujours par la voie d'Alexandrie, la plus courte de toutes, protégés par des emballages qui les mettent à l'abri de toute altération ; bientôt nous aurons recours au canal de Suez. Je suis toujours ainsi approvisionné d'excellentes qualités que je puis, en raison de mon grand débit, livrer à un prix inférieur à celui de ces thés ordinaires qui ont eu à passer par trop d'intermédiaires pour échapper soit à l'exagération de prix, soit à la falsification.

Une raison plus péremptoire encore que l'élévation de prix doit mettre en garde contre ces thés achetés chez le premier marchand venu ; bien souvent ces thés ont subi des préparations ayant pour objet de cacher au consommateur des altérations spontanées ou accidentelles ; les thés verts surtout sont sujets à ces falsifications. On a constaté, avec des échantillons saisis à Paris, dans les ports et à Londres, la présence de résidus de thés infusés et remis sous forme commerciale à l'aide de feuilles de prunier et de camellia. La plupart de ces falsifications étaient colorées avec des matières plus ou moins insalubres. Aussi la commission chargée de ces investigations émit le vœu que les droits sur les thés noirs fussent réduits afin de diminuer la consommation des thés verts, et demanda la saisie en douane et la destruction de tous les thés entachés de fraude.

Pour moi, grâce à mes relations directes, je reçois

mes thés verts purs de toute coloration étrangère ; ils entrent dans mes mélanges en justes proportions pour compléter le bouquet et les propriétés de l'infusion ; c'est l'excellence de leur qualité qui a fait leur réputation et qui leur assure aujourd'hui un écoulement égal à celui de mes chocolats.

CHAPITRE XII.

PRÉPARATION DU THÉ.

Les Chinois qui sont arrivés à une délicatesse de goût désespérante pour nos gourmets, apportent l'attention la plus minutieuse dans les apprêts de leur boisson favorite. Ils ont même des professeurs qui enseignent l'art de faire les honneurs d'une table à thé, et, sur la plupart de leur théières, est inscrite l'ode dans laquelle l'empereur Kiou-Loung décrit la manière de faire le thé.

Sans avoir l'érudition d'un professeur chinois et encore moins le génie de l'empereur poëte, je vais tâcher d'énumérer toutes les conditions à remplir pour préparer de bon thé ; car, quoiqu'il ne s'agisse que d'une infusion et que ce procédé soit fort simple, il est indispensable d'y apporter tous ses soins pour obtenir toute la saveur de cette feuille dont l'arome est si délicat et si subtil qu'un degré de plus ou de moins de chaleur de l'eau peut l'altérer.

Les thés verts pris isolément ne sont pas très-agréables au goût, ils sont un peu astringents et leur infusion occasionne quelquefois aux personnes délicates de l'excitation et des insomnies; je n'en conseillerai donc pas l'usage à mes lecteurs.

Les thés noirs peuvent être pris seuls sans qu'on ait jamais à en redouter aucun effet funeste; on peut aussi les marier ensemble; le mélange du souchong et du pékao est une heureuse combinaison. Si l'on y joint une petite quantité d'orange pecco, on obtient une liqueur à la fois fortement parfumée et douce, d'une finesse de goût très-remarquable.

On peut encore arriver à un degré de perfection plus complet en mélangeant les thés verts les plus fins avec les thés noirs les mieux choisis, et mon expérience m'autorise à recommander ici aux consommateurs mon mélange dit : *Thé de soirées* comme réunissant toutes les conditions hygiéniques aux qualités aromatiques.

Une théière est un meuble précieux que l'usage améliore; il faut se garder qu'aucune sorte d'infusion puisse jamais y laisser ses traces. Les théières d'argent ou de métal anglais sont préférables à celles de porcelaine, parce qu'elles ont la propriété de s'imprégner davantage de l'arôme du thé et d'être de meilleurs conducteurs du calorique.

La qualité de l'eau est extrêmement essentielle; la

plus pure et la plus douce est la meilleure, car les sels et les matières contenues en dissolution peuvent agir sur le thé. Les Chinois recommandent l'eau de neige. Il est prudent de laisser bouillir quelques minutes l'eau qui servira à préparer le thé, car la chaleur et l'évaporation la purifient.

On mesure les feuilles de thé à l'aide d'une petite cuiller à café que l'on met comble pour chaque tasse d'infusion que l'on veut obtenir; on arrose d'abord le thé avec un peu d'eau bouillante afin de faciliter le déroulement des feuilles, puis après quelques secondes on verse la totalité de l'eau et on laisse infuser pendant cinq minutes. Si la théière est grande et si le nombre de tasses à servir atteint le chiffre de douze ou plus, il sera préférable de ne verser l'eau bouillante qu'en trois fois différentes. C'est une condition rigoureuse que l'eau versée sur les feuilles soit bouillante : de là dépend la limpidité, la finesse et l'arome de la liqueur qui coulera de la théière.

Les premières tasses offertes seront plus aromatiques, moins colorées et moins astringentes que celles obtenues après une macération un peu plus longue, de dix à vingt minutes, par exemple.

Si, après avoir servi l'infusion entière, on verse sur les feuilles une nouvellle dose d'eau bouillante, la saveur est moins agréable, l'arome plus faible et l'astringence plus forte.

Il faut bien se garder de faire bouillir les feuilles de thé dans l'eau, l'arome délicat s'évaporerait, le parfum serait détruit, et on aurait une décoction astringente, amère, et d'une odeur de foin très-prononcée.

On fait avec le thé une foule de préparations très-délicates, du punch, des crèmes, etc. ; dans toutes on emploie l'infusion, je n'en parlerai donc pas.

Le thé stimule les fonctions du cerveau, il provoque la sueur et facilite la digestion ; avant le repas il excite l'appétit. Il est d'un excellent usage pour les personnes qui, après le déjeuner à la fourchette, doivent se livrer à leurs affaires; en Angleterre il remplace le vin.

En mêlant au thé de la crème de lait, on obtient une boisson nourrissante qui constitue un excellent déjeuner, surtout si on le complète avec du beurre et des œufs frais.

Les parfums du rhum, du kirsch et de l'eau-de-vie s'allient aussi à merveille avec le thé et le rendent agréable au goût.

Le thé est servi dans toutes les réunions et les soirées, ordinairement accompagné de gâteaux et de sandwichs; offrir le thé constitue un art, une science que l'usage du monde et le tact apprennent seuls.

Un conseil cependant pour terminer cet opuscule :

choisissez avec soin votre boite à thé et veillez sur elle; les feuilles qu'elle contiendra sont susceptibles de s'imprégner des moindres odeurs. Que votre boîte soit en argent ou en métal anglais, tenez-la fermée hermétiquement et éloignée des objets odoriférants, de quelque nature qu'ils puissent être.

Rappelez-vous que si l'on choisit des vierges pour cueillir le thé destiné à l'empereur de Chine, c'est pour éviter que la moindre impureté ne vienne compromettre la délicatesse de son parfum.

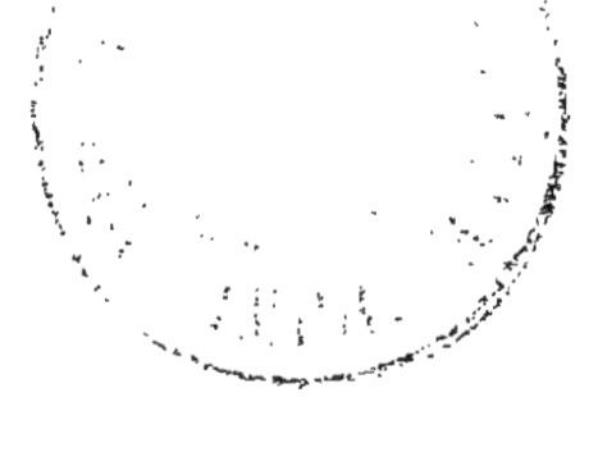

TABLE DES MATIÈRES

Paris. — Typ. WALDER, rue Bonaparte, 44

PARIS. — TYPOGRAPHIE WALDER, RUE BONAPARTE, 44.

www.ingramcontent.com/pod-product-compliance
Ingram Content Group UK Ltd.
Pitfield, Milton Keynes, MK11 3LW, UK
UKHW021621260726
13965UKWH00007B/1402

9 782013 079600